Der Weg von Dick nach Dünn ist nicht mit Frust, Verzicht und Hunger gepflastert. Im Gegenteil: Mit Genuss, Lebensfreude und Energie. Denn Essen und Trinken versorgen uns mit mehr als nur mit Kalorien – sie liefern Treibstoffe für Wohlbefinden, Fröhlichkeit und einen gesunden, schönen Körper. Die Erfahrung hat uns klug gemacht: Diäten machen dick. Kein Wunder: Es gibt nur zwei Möglichkeiten, die in der Praxis funktionieren: Man muss essen und laufen, um abzunehmen. Ihr Körper braucht nämlich alle Biostoffe der Natur. Fehlt nur einer, dann bremsen Sie das Rad des Lebens, Ihr Stoffwechsel macht schlapp. Das Fett bleibt auf den Hüften liegen. Essen Sie Fatburner statt Fetthorter, also Lebensmittel, die schlank machen und Ihnen Energie schenken – tanken Sie Supertreibstoff für mehr Lebensfreude und Vitalität.

Supertreibstoff: Fatburner

so einfach schmelzen Pfunde weg

Man muss essen, um abzunehmen. Dieser Satz ruft immer wieder ungläubiges Kopfschütteln hervor. Hat sich doch in unseren Gehirnen eingeprägt: Meide Kalorien, zähle Fettaugen, lass die bösen Kohlenhydrate weg! Weil viele Menschen das glauben, hat jeder zweite Deutsche Übergewicht. Ob Hollywood-, Atkins- oder Büro-Diät, nichts funktioniert. Der Jo-Jo-Effekt ist die bittere Folge: Mühsam hungert man die Pfunde runter. Kaum stellt sich das Wunschgewicht ein, saust es wie ein Jo-Jo nach oben, höher und höher.

Doch jetzt ist Schluss damit! Ändern Sie Ihr Leben. Verbannen Sie alle Kalorien-Sparmaßnahmen. Sie müssen essen, um abzunehmen. Und wenn Sie Ihren Tank künftig mit »Super« füllen, dann ernten Sie ungeahnte Energien, Lebensfreude und Glück.

Mit diesen fünf Thesen werden Sie schlank:

1. These: Kohlenhydrate mit niedrigem GLYX lassen Pfunde purzeln.
2. These: Fett macht nicht nur fett.
3. These: Eiweiß schmilzt Polster weg.
4. These: Ohne Vitalstoffe erliegt der Energiestoffwechsel.
5. These: Ohne Turnschuhe geht gar nichts.

Der Stoffwechsel – das Rad des Lebens

In Ihrem Körper steckt ein Wunderwerk der Natur: Ihr Stoffwechsel, das Rad des Lebens. Ein kompliziertes Biosystem, das Nahrung in Energie, in Körpersubstanz, in kluge Gedanken und fröhliche Gefühle umwandelt. Alles, was Sie sind, wie Sie sich fühlen, wie viel Power und Freude Sie haben, wie viele Muskeln und wie viele Fettschichten Sie haben, bestimmen Sie täglich selbst, nämlich mit dem, was Sie pro Tag essen. Nur: Ihr Biosystem ist Millionen Jahre alt. Vor vier Millionen Jahren verließ der erste Urmensch den Baum, entwickelte sich zum Homo sapiens, dem »weisen« Mann. Mit einem Biosystem programmiert auf mageres Fleisch, Früchte, Wurzeln, Gemüse, Getreide – auf Natur pur. Dieses Biosystem hat sich bis heute nicht geändert, dafür der Treibstoff. Denn zu 75 Prozent ernährt uns die Industrie mit ihren Produkten. Freilich will keiner mehr in der Küche sitzen und ein Hühnchen rupfen, auch Gemüse aus der Tiefkühltruhe schenkt Zeit und Gesundheit. Doch wir überfordern den Körper mit Stoffen, die seine Gene nicht kennen. Für Tütensuppe, Ketchup, Riegel & Co. haben wir kein genetisches Programm. Der Körper wehrt sich hilflos. Die Folge: Zivilisationskrankheiten wie Übergewicht, Diabetes, Gicht, Herz-Kreislauf-Erkrankungen, chronische Müdigkeit, Depressionen, Krebs.

Der falsche Treibstoff

Würden wir das, was wir unserem Körper zumuten mit unserem Auto tun, es käme nicht einmal aus der Garage. Von morgens bis abends füllen Sie Fusel in den Tank, obwohl Sie wissen, dass dies den Motor kaputt macht. Fast Food und Schokolade, Weißmehl und Zucker, Konservierungs- und Farbstoffe, synthetische Hilfsstoffe und Schadstoffe – all das kennt Ihr Stoffwechsel nicht. Größere Mengen davon bringen das feine Zusammenspiel von Hormonen im Körper aus der Balance. Das macht dick – und unglücklich. Beugen Sie vor: Meiden Sie Fertigprodukte. Denn Übergewicht ist die Reaktion Ihres Körpers auf einen Mangel an Vitalstoffen. In der Packung steckt oft ein toter Nährstoffmix – angereichert mit 7000 Aromastoffen und ein paar verkaufsfördernden Vitaminen.

Das macht Sie schlank

Gönnen Sie Ihren 70 Billionen Körperzellen das, was sie brauchen: Vitalstoffe, Baustoffe und Energie. Sie danken es Ihnen: mit einem agilen Tanz der Hormone, einem schlagkräftigen Immunsystem, straffen Muskeln, stählernen Nerven, aktiven Organen und einer schönen Figur. Fehlt nur ein einziger Nährstoff, reagiert Ihr Körper mit Müdigkeit, schlechter Laune, stumpfem Haar und Übergewicht. Denn der Mangel an bestimmten Nährstoffen macht dick. Es sind die Nährstoffe, die Fett verbrennen: Fatburner.

Kohlenhydrate mit niedrigem GLYX

Vorsicht – Zucker ist stärker als Ihr Wille

So unterschiedliche Lebensmittel wie Zucker und Honig, Schokoriegel und Vollkornbrot, Früchte und Bonbons – alle liefern Kohlenhydrate. Nur die einen mästen uns, die anderen schmelzen Pfunde weg – sind wahre Fatburner. Es kommt nur auf den GLYX an.

Was ist der GLYX?

GLYX ist Ihr Schicksal: dick oder dünn. GLYX ist die Abkürzung für »glykämischer Index«. Die GLYX-Formel ist einfach: Kohlenhydrate, die den Blutzucker belasten, also ganz schnell ins Blut driften, haben einen GLYX über 50 – sie machen dick. Darunter fallen Zucker, süße Getränke, polierter Reis, Weißmehl, Chips und so manches mehr aus der Fabrik (siehe Tabelle). Lebensmittel, die einen niedrigen GLYX haben, unter 50, halten den Blutzuckerspiegel konstant und sind wahre Fatburner. Natürliche Kohlenhydrate aus Früchten, Gemüse und Vollkornprodukten zählen dazu.

Die Macht des Zuckers

Wenn Sie essen, lösen Sie im Körper einen Tanz der Hormone aus. Diese dirigieren den Energiestoffwechsel. Hormone schaffen das Fett auf die Hüften oder ziehen es dort ab und schicken es in die kleinen Brennöfchen der Zellen, in die Mitochondrien, wo das Fett in Wärme verpufft. Glukagon ist ein Fatburner, das Hormon Insulin ist dagegen ein Fetthorter. Essen Sie etwas mit einem hohen GLYX, etwas Süßes, Weißmehl oder polierten Reis, dringen Zuckermoleküle schnell vom Darm ins Blut. Das kennt Ihre Bauchspeicheldrüse nicht – weil man Lebensmittel erst seit 500 Jahren raffiniert – und deswegen erschrickt sie. Sie schickt eine ganze Armada Insulin los, um dem süßen Schwall ein Ende zu bereiten. Das Insulin schaufelt den Zucker aus dem Blut zu den Muskeln oder als Fett umgewandelt auf die Hüften. Der Blutzucker sinkt drastisch und schnell. Dem Gehirn geht der Zucker aus. Der »intelligente Süßschnabel« kann aber nur Zucker in Gedanken umsetzen. Ist kein Zucker mehr im Blut, lässt die Konzentration nach. Sie werden fahrig, nervös, müde. Das Gehirn fühlt sich bedroht und reagiert prompt mit Heißhunger auf Süßes. Und dem geben Sie nach, denn Zucker ist stärker als Ihr Wille. Das Problem: Wer den Morgen süß beginnt, geht nicht ohne Süßes ins Bett.

Vorsicht Insulinmast

Carbohydrat-Craving – die Sucht auf Kohlenhydrate – ist ein Phänomen, das den Menschen mästet. Nur selten isst man den Zucker pur, das Weißbrot ohne Butter. Meist sind die schnellen Kohlenhydrate in Gesellschaft mit Fett, so auch im Schokoriegel oder in den Chips. Insulin schickt das Fett sofort in die Fettzellen und sperrt es dort ein. Denn solange Insulin im Blut regiert, kommt Glukagon nicht zum Zuge. Dieses Schlankhormon holt das Fett von Hüfte und Po und schickt es zum Verbrennen in den Muskel. Das passiert, sobald Sie Ihre Ernährung auf Fatburner umstellen, auf Lebensmittel mit einem niedrigen GLYX. Für Lebensmittel mit hohem GLYX gilt: In Maßen genießen. Nicht mit Fett kombinieren.

Dickmacher – Lebensmittel mit hohem GLYX

Getränke: Bier 110, Limonaden, Cola-Getränke, gezuckerte Fruchtsäfte 80–100

Süßes: Traubenzucker 100, Honig 75, Zucker 75, Schokolade 70, Kekse 70, Konfitüre 60

Brot: weißes Brot (Fast Food) 95, Brezeln 85, Weißbrot (Baguette) 70, Graubrot 65

Kartoffeln: Bratkartoffeln 95, Kartoffelpüree 90, Pommes frites 80, Pellkartoffeln 65

Obst & Gemüse: Karotten 85, Kürbis 75, Mais 70, Wassermelone 70, Ananas 65, Rosinen 65, Bananen 60, Honigmelone 60

Beilagen: Instant-Reis 90, weißer, polierter Reis 70, Couscous 60, Nudeln 60

Getreideprodukte: Cornflakes, Popkorn 85; Reiskuchen, Reiscrispies 80, gezuckertes Müsli 70, Mais-Chips 75, Kräcker 75, Croissant 70, Maismehl 70, Weizenmehl 70

Fatburner – Lebensmittel mit niedrigem GLYX

Brot: Vollkorn- oder Kleiebrot 50, Pumpernickel 40, Roggenvollkornbrot 40, Schrotbrot 35

Beilagen: Naturreis 50, Nudeln aus Vollkornschrot 30

Gemüse & Obst: Frisches Gemüse 15, Pilze 15, frische Gemüsesäfte 15, frisches Obst 10–30, frisch gepresster Fruchtsaft (ohne Zucker) 40, getrocknete Aprikosen 30, Sojabohnen 15, Linsen 30, Erbsen 50

Getreideprodukte: Vollkornmüsli ohne Zucker 40, Haferflocken 40, Roggen 35

Süßes: Marmelade ohne Zucker 30, Fruchteis (selbstgemacht,ohne Zucker) 35, Bitterschokolade (mehr als 70 % Kakaoanteil) 20

Sonstiges: Milchprodukte etwa 35, Magermilch 30, Naturjoghurt ohne Zucker 15, Nüsse 15–30

Fett macht nicht nur fett

es verbrennt lästige Pölsterchen

Sie brauchen Fett, um Fett zu verbrennen: Denn sogar der verpönte Dickmacher ist in Wahrheit ein Fatburner. Studien zeigen: Sportler, die auf Fett verzichten, nehmen plötzlich zu – und Muskeln schwinden. Kein Wunder! Essenzielle Fettsäuren sind wichtig wie Vitamine – ohne sie bildet Ihr Körper keine Schlankhormone. Fett ist mehr als Energie-Lieferant Nr. 1. Es kleidet Ihr Nervenkostüm aus, ist Baustoff für jede Zelle, sorgt für eine glatte junge Haut, polstert Organe und Nerven – und ohne Fett könnten Sie keine Hormone bilden.

Für Fett gilt FdH – und Sortentausch

Freilich am Energie-Erhaltungssatz kann man nicht rütteln. Energie vergeht nicht. Was man in den Körper reinfüllt und nicht in den Muskeln verbrennt, macht Zwischenstation in den Fettzellen. Der Deutsche isst pro Tag 1260 Fettkalorien. Klar wandern diese auf die Hüften. Denn soviel kann nur verbrennen, wer täglich einige Stunden an Kraftmaschinen schuftet. Die Hälfte Fett reicht: 600 kcal, etwa 60 bis 70 Gramm Fett pro Tag halten schlank & fit – wenn sie nicht aus Wurst, Braten und Sahne stammen. Tierische Fette sollten Sie minimieren, sie sind keine Fatburner. Versorgen Sie sich lieber mit ungesättigten Fettsäuren aus Pflanzenölen und Seefisch. Die kann der Körper selbst nicht herstellen. Gute Quellen: Gemüse, Oliven, Nüsse, Samen, Fisch.

Diese Fette halten Sie schlank

In Ihrer Küche sollte Olivenöl stehen. Das Öl der schlanken, hundertjährigen Kreter. Olivenöl versorgt Sie mit Fettsäuren, die Ihren Hormonhaushalt auf Schlank, Fit & Gesund stellen. Genauso wie die Omega-3-Fettsäuren vom Seefisch. Sie kontrollieren die Superhormone in Ihrem Körper, die Eicosanoide. Wer mindestens zwei Mal die Woche Seefisch isst, wie Hering, Lachs, Makrele, lockt viele gute Eicosanoide, die Ihnen Gesundheit und Vitalität schenken, die Laune heben und das Herz schützen.

Vorsicht Falle: Fett und hoher GLYX

Wenn Sie die Nudeln mit Sahnesauce, den Schweinebraten mit Knödel essen, dann locken Knödel und Nudeln (hoher GLYX) das Insulin ins Blut, welches den Braten oder die

Sahne sofort auf die Hüften dirigiert – die Fettmoleküle in den Fettzellen einschließt. Das passiert nicht, wenn Sie den Braten mit Vollkornnudeln (niedriger GLYX) essen. Das Insulin bleibt weg, das Bratenfett kann in den Muskelzellen verheizt werden.

- Essen Sie fettreiche Lebensmittel nicht zusammen mit Lebensmitteln mit hohem GLYX: Schweinebraten mit Knödel, Nudeln mit Sahnesauce, Butterbrot mit Marmelade, Pizza oder Pommes, Croissant mit Schokolade, Weißbrot mit Käse über 40 % Fett.
- Schlanke Kombination: Lamm mit Naturreis, Putenbrust mit Salzkartoffeln, Pasta mit Gemüse, Vollkornnudeln mit Garnelen, Mozzarella mit Tomaten, Brot mit Tomaten.

Schlanke Gebote

- Ersetzen Sie tierische Fette durch Olivenöl. Reduzieren Sie Butter, Sahne, Margarine.
- Kochen Sie light: Beschichtete Pfanne mit Öl auspinseln. Dämpfen und Dünsten schonen Vitamine und Figur.
- Null Fett: Hülsenfrüchte, Gemüse, frische Früchte, Vollkorn (Reis, Nudeln, Brot, Müsli) enthalten kaum oder kein Fett.
- Reduzieren Sie rotes Fleisch und Wurst zu Gunsten von Seefisch, Wild und Geflügel. Mageres hat Vorrang: Filet, Schnitzel, Lende.
- Wählen Sie von Milchprodukten immer die magere Version und verzichten Sie auf Fertigprodukte. Auch wenn »light« drauf steht. Die Natur hat Besseres zu bieten.

Power mit Eiweiß & Vitalstoffen

so zaubern Sie reichlich Pfunde weg

Die Natur hält einen Superstoff für Sie bereit, der Sie schlank macht, während Sie essen: Eiweiß. Dafür gibt es zwei Gründe:
1. Ihr Körper schießt viel Energie zu, um das Nahrungseiweiß in wertvolle Körpersubstanz zu verwandeln – in Muskeln, Hormone, Immunsystem, in Reparaturmaterial für Ihre Körperzellen, in Jugend und Vitalität. Und dafür bedient er sich aus den Fettdepots. Eiweiß ist also ein richtiger Fatburner.
2. Muskeln und Schlankhormone bestehen aus Eiweiß. Wer nicht täglich 50 bis 100 Gramm von diesem Powerstoff tankt, verliert wertvolle Muskelmasse, wird träge und deshalb auch dick. Nur sollten Sie unter Eiweiß nicht Braten und Wurst verstehen. Sie liefern Purine, die Gicht auslösen, den Adernschadstoff Cholesterin und tierische Fette. Gesunde Quellen sind Fisch, Geflügel, Hülsenfrüchte, magere Milchprodukte

Eiweiss- und Vitalstoffmangel machen dick

Eiweiß muss in Magen und Darm in seine kleinen Bausteine aufgespalten werden – die Aminosäuren. Nur so kommt der wertvolle Baustoff in die Zelle, hilft Immunsystem, Schlankhormonen, Muskeln, Nerven, Organen. Doch fehlen Vitalstoffe, bleibt das Eiweiß im Darm liegen und fault. Steht dem Körper als Fatburner und Powerstoff nicht zur Verfügung. Deswegen leiden viele Menschen unter Eiweißmangel.
Übergewicht ist eine Reaktion ihres Körpers auf ein Zuviel an »toten« Stoffen und einen Mangel an Vitalstoffen. Vitamine und Mineralien sind nämlich die Arbeiter im Energiestoffwechsel. Fehlen sie, kann Fett nicht abgebaut werden, Eiweiß nicht verwertet und in Muskeln und Schlankhormone angelegt werden. Fazit: Man wird dick und dicker.

Sechs schlanke Regeln

1. Fünfer-Regel: Tanken Sie Fatburner aus der Natur. Essen Sie täglich fünf Portionen Obst und Gemüse. Auch in seiner rohen Form, Knabbern Sie Samen und Nüsse, greifen Sie zu bei Vollkorn- und Milchprodukten und essen Sie drei- bis fünf Mal pro Woche Fisch.
2. Zitronenwasser. Pressen Sie täglich vier Zitronen in Ihr Mineralwasser. Denn Ihr Körper verprasst Vitamin C, um Fett abzubauen. Ist nicht genug da, bleibt das Fett liegen. Wer abnehmen will, braucht ein bis drei Gramm. Holen Sie sich zudem Ascorbinsäurepulver aus der Apotheke.

3. Fünf Mark für »echte« Schlankpillen. In unseren Lebensmitteln steckt, bedingt durch die moderne Nahrungsmittelproduktion, nur noch wenig Gesundheit. Füllen Sie Ihre leeren Tanks mit guten Vitalstoffpräparaten auf. Wer abnehmen will, sollte fünf Mark pro Tag investieren. Lassen Sie sich in der Apotheke beraten. Achten Sie auf die Fatburner-Vitalstoffe: Kalzium, Magnesium, Chrom, Jod, Selen und B-Vitamine.

4. Fitmacher-Kombination: Kombinieren Sie Eiweiß (Milchprodukte, Fleisch, Fisch) immer mit Kohlenhydraten (Gemüse, Salat, Obst). Dann haben Sie erstens Vitamine für den Eiweißstoffwechsel und zweitens den nötigen Zucker fürs Gehirn. Das zwingt den Körper, sich aus den Fettpölsterchen zu bedienen, um das Eiweiß der Nahrung in Jugend, Muskeln und Fröhlichkeit zu investieren.

5. Eiweißformel: Minimalbedarf sind 0,8 Gramm pro Kilogramm Körpergewicht. Wenn Sie alle vier Stunden eine Portion Eiweiß essen, haben Sie immer genügend Stoff, um Ihre Schlankhormone STH (Wachstumshormon) und Noradrenalin zu bilden.

6. Shaken Sie: Wenn Sie keine Zeit haben, sich etwas zuzubereiten oder Milchprodukte nicht vertragen, dann hilft Ihnen ein Eiweißpräparat aus der Apotheke. Statt mit einem ungesunden Sandwich den Hunger zu stillen, shaken Sie sich lieber einen Schlank-Drink und essen frisches Obst dazu.

Magere Eiweisslieferanten

100 g enthalten	g Fett
Milch & Milchprodukte	
Buttermilch	0,5
Trinkmilch, fettarm	2
Kefir	3,5
Magermilch-Joghurt	0,1
Molke	0,2
Körniger Frischkäse	2,9
Schichtkäse 10 % Fett i. Tr.	2,0
Speisequark mager	0,3
Harzer Korbkäse, Mainzer Handkäse	0,7
Romadur 20 % Fett i. Tr.	9
Edamer 30 % Fett i. Tr.	28
Limburger 30 % Fett i. Tr.	9
Parmesan 32 % Fett i. Tr.	25
Ziegenkäse 45 % Fett i. Tr.	21
Tilsiter 30 % Fett i. Tr.	16
Feta 40 % Fett i. Tr.	16
Mozzarella	16,1
Fisch	
Kabeljau	0,8
Flussbarsch	0,8
Hecht	0,9
Zander, Seezunge, Seelachs	1
Languste	1,1
Austern	1,2
Miesmuschel	1,3
Garnele, Scampi	1,4

100 g enthalten	g Fett
Fisch	
Hummer	1,9
Scholle	2
Rotbarsch, geräuchert	5,5
Seelachs, geräuchert	0,8
Forelle	3
Rotbarsch	4
Brathering	15
Bismarkhering	16
Lachs	14
Makrele, geräuchert	16
Fleisch & Geflügel	
Gekochter Schinken ohne Fettrand	3
Rinderleber	2,1
Geflügelwurst	5
Corned Beef	6
Roastbeef	5
Rinderfilet	4
Kalbsfilet	1
Putenbrust	1
Hase	3
Rehrücken	4
Sonstiges	
Tofu	5
Hühnerei	5,2
Hülsenfrüchte, Kohl, Getreide	nur in Spuren

Power-woche

mit der GLYX-Formel bis zu 7 Pfund in 7 Tagen

Täglich schmilzt ein Pfund, wenn Sie sich die Rezepte aus diesem Kochbuch picken und die folgenden Regeln einhalten.

1. Schnüren Sie die Turnschuhe: Laufen oder walken Sie, jeden Morgen 30 Minuten auf nüchternem Magen – langsam, mit einem Fatburner-Puls um 130. Tragen Sie zur Kontrolle eine Pulsuhr. Atmen Sie vier Schritte ein, vier Schritte aus – tief und regelmäßig. Und falls Sie die Pulsuhr piepsend warnt: Gehen Sie, bis Sie wieder Lust zum Laufen haben. Abends wieder laufen.

2. Trinken Sie: Täglich 3 Liter Mineralwasser mit frischem Zitronensaft. Auch okay: Tee, Kaffee (ohne Zucker). Das 0,5-Liter-Glas mit Wasser auf dem Nachttisch – vor dem Aufstehen getrunken – sorgt für eine gute Verdauung. Meiden Sie alle zuckerhaltigen Getränke und Bier (hoher GLYX). Ein Glas trockener Weißwein ist kein Problem.

3. Essen Sie Fatburner: Beißen Sie in so viel saure Äpfel wie möglich. Sie wollen eine Mahlzeit ausfallen lassen? Dann shaken Sie sich einen Eiweißdrink (Pulver aus der Apotheke) und essen Sie Obst dazu.

4. Nicht hungern: Essen Sie vor jeder Mahlzeit eine große Schüssel Salat. Von Vollkornreis und -nudeln können Sie ruhig eine größere Portion genießen.

4. Muskeltraining: Kaufen Sie sich ein Latexband mit Anleitung. Trainieren Sie 10 bis 20 Minuten die Problemzonen: Bauch, Hüfte, Po. Dann bildet Ihr Körper Muskeln, die Fett verbrennen und Fatburner-Hormone.

5. Vorsicht Wiege-Falle: Achten Sie lieber auf Ihre Jeans, als auf den Zeiger der Waage. Sie bauen Fett ab und legen Muskeln zu, diese sind schwerer als Fett!

6. Süßhunger? Naschen Sie einen Riegel Bitterschokolade. Sie hat einen niedrigen GLYX. Ein Löffel Fatburner-Marmelade tut's auch (Rezept Seite 13). Geht Ihnen die Schokolade gar nicht aus dem Kopf, dann laufen Sie. Dabei kommen Ihnen schöne Gedanken.

Und nach der Fitnesswoche?

Es gibt kein Danach. Sie laufen und essen sich in ein neues, schlankes, aktives Leben. Verwenden Sie den Zucker wie ein Gewürz, meiden Sie Weißmehl so gut es geht. Dann bleiben Sie auch schlank. Verzichten muss keiner. Es kommt nur darauf an, was Sie 365 Tage im Jahr tun. Und da essen Sie künftig viele Fatburner.

Wochenplan

Montag

- Apfel-Himbeer-Müsli mit Kefir ✱ Tomate mit Rettich-Joghurt
- Zucchinistreifen mit Graved Lachs
- Spaghetti mit Kräuter-Pesto

Dienstag

- Vollkornbrötchen mit Tomate ✱ Erdbeeren mit zwei Dips
- Artischockensalat mit Fatburner-Sauce
- Seeteufelragout mit Linsen

Mittwoch

- Beeren-Pistazien-Joghurt ✱ Zitrusfrischer Fatburner-Drink
- Gurken-Rettich-Salat mit Hähnchenspießen
- Backofen-Ratatouille mit Hirse

Donnerstag

- Käse-Radieschen-Pumpernickel ✱ Himbeer-Mango-Salat
- Marinierter Spargel mit Putenbrust
- Seezungenröllchen auf Frühlingsgemüse

Freitag

- Brot mit 3-Beeren-Marmelade ✱ Tomaten-Paprika-Mix
- Meeresfrüchte-Cocktail mit Brokkoli
- Pellkartoffeln mit buntem Tsatsiki

Samstag

- Avocado mit Tomaten-Frischkäse ✱ Brombeer-Halbgefrorenes
- Kohlrabi-Carpaccio mit Egerlingen
- Tunfisch-Spieße mit Safranreis

Sonntag

- Exoten mit Kokos-Limetten-Quark ✱ Rucola-Dip mit Knäckebrot
- Tomaten-Apfel-Salat mit Rucola
- Asiatische Sprossen-Hähnchen-Pfanne

Beeren-Pistazien-Joghurt

fit in den Tag mit Früchten & Eiweiß

Zutaten für 2 Personen: • 250 g gemischte Beeren (z. B. Erdbeeren, Johannisbeeren, Brombeeren) • 2 TL Zitronensaft • 1 EL Apfeldicksaft • 4 TL Pistazienkerne • 300 g Joghurt (1,5 % Fett)

Die Beeren kurz abbrausen, abtropfen lassen, putzen und verlesen. Die Erdbeeren vierteln. Die Beeren mit Zitronen- und Apfeldicksaft beträufeln. Die Pistazien hacken und mit dem Joghurt verrühren. Zwei Drittel der Beeren abwechselnd mit dem Joghurt in kleine Glasschüsseln füllen. Die übrigen Beeren darauf verteilen.

power

PRO PORTION: 151 KCAL • 7 g EW • 5 g F • 21 g KH

Exoten mit Kokos-Limetten-Quark

Kokos macht fröhlich mit Selen

Zutaten für 2 Personen: • 1 Papaya • 1 Karambola • 1 Kiwi • 200 g Quarkzubereitung (0,2 % Fett) • 2 EL ungesüßte Kokosmilch • 2 TL brauner Rohrzucker • 1 EL Limettensaft • 2 TL geröstete Kokosraspel

Die Papaya schälen und entkernen. Die Karambola waschen. Die Früchte in Scheiben schneiden. Die Kiwi schälen und in Spalten schneiden. Die Früchte auf je einer Tellerhälfte anrichten. Den Quark mit Kokosmilch, Zucker und Limettensaft vermischen, zwischen den Früchten verteilen. Mit den Kokosraspeln bestreuen.

power

Pro Portion: 170 Kcal • 14 g EW • 2 g F • 23 g KH

Apfel-Himbeer-Müsli mit Kefir

eine echte Brain Food-Kombination

Zutaten für 2 Personen: • 2 EL Kürbiskerne • 4 EL Vollkorn-Haferflocken • 1 EL Rosinen • 1 Apfel • 1 EL Zitronensaft • 100 g Himbeeren • 300 g Kefir • 2 TL Ahornsirup

Die Kürbiskerne rösten. Mit Haferflocken und Rosinen vermischen. Die Mischung auf zwei Schälchen verteilen. Den Apfel dünn schälen und rund um das Kerngehäuse raspeln. Mit dem Zitronensaft beträufeln. Die Himbeeren waschen. Den Kefir mit dem Ahornsirup verrühren. Die Früchte und den Kefir auf die Flockenmischung geben.

power

Pro Portion: 280 Kcal • 12 g EW • 10 g F • 34 g KH

Brot mit 3-Beeren-Marmelade

Fatburner-Marmelade für Süßschnäbel

Die Beeren kurz waschen, verlesen, putzen, klein schneiden, mit Fruchtzucker und Zitronensäure in einem Topf bei schwacher Hitze 5 Minuten köcheln lassen.

Das Agar-Agar mit 2 Esslöffeln kaltem Wasser anrühren, zu den Beeren geben und weitere 2–3 Minuten bei schwacher Hitze kochen lassen.

Die Beerenmarmelade sofort in zwei kleine Gläser mit Schraubdeckel füllen, gut verschließen und abkühlen lassen.

Die Brotscheiben mit Quark und jeweils 2 Teelöffeln Marmelade bestreichen. Mit Zitronenmelisse garnieren. Die restliche Marmelade im Kühlschrank aufbewahren und möglichst bald verbrauchen.

Zutaten für 2 Personen:

250 g gemischte, reife Beeren (z. B. Stachelbeeren, Erdbeeren, Johannisbeeren)
60 g Fruchtzucker
1 gestrichener TL Ascorbinsäure (etwa 1,5 g)
1/2 TL Agar-Agar (pflanzliches Geliermittel; Reformhaus)
2 Scheiben Vollkornbrot
2 EL Magerquark
1 Zweig Zitronenmelisse

Vollkornbrot

Weißbrot hat einen hohen GLYX und ist ein wahrer Fetthorter. Fatburner dagegen sind: Brot aus geschrotetem Korn, Pumpernickel, Knäckebrot und Vollkorntoast. Kombinieren Sie Vollkornbrot möglichst mit Magerquark statt Butter unter der Marmelade. Zu Gemüse und Salat können Sie Vollkornbrot essen.

PRO PORTION:
240 KCAL
5 g EW • 2 g F
52 g KH

power

Vollkornbrötchen mit Tomate

Forever-Young-Geheimnis der Kreter

Die Kräuter-Pastete mit einer Gabel fein zerdrücken und mit dem Tomatenmark, Zitronensaft und Olivenöl glatt rühren. Mit etwas Pfeffer und wenig Salz abschmecken.

Zutaten für 2 Personen:
50 g vegetarische Kräuter-Pastete (Reformhaus)
3 TL Bio-Tomatenmark (Reformhaus)
1 TL Zitronensaft
1 TL Olivenöl
schwarzer Pfeffer
Salz
2 Vollkornbrötchen
2 Tomaten
2 Zweige Basilikum

Die Brötchen quer aufschneiden und die Hälften mit der Creme bestreichen.

Die Tomaten waschen, von den Stielansätzen befreien und entweder in Scheiben oder Achtel schneiden. Die Tomatenscheiben- oder achtel leicht überlappend auf die Brötchenhälften legen. Mit etwas Salz und Pfeffer bestreuen. Das Basilikum waschen, trockenschütteln und die Blätter abzupfen. Die Brötchen damit garnieren.

power

Tomaten-Brötchen ...

Die Tomate macht gute Laune, gilt als Arznei für Herz und Nieren, hilft gegen Gicht und Rheuma. Ihr Lycopin beugt Krebs vor. Die Tomate enthält die Mineralien, welche die Fettverbrennung anregen: Magnesium, Kalzium, Eisen, Zink. Und: Ihr Kalium entwässert. Wer es eilig hat, nimmt eine fertige vegetarische Tomaten-Pastete als Aufstrich.

Pro Portion:
196 Kcal
8 g EW • 5 g F
30 g KH

Käse-Radieschen-Pumpernickel

echt scharf, die Vitalstoffschnitte

Zutaten für 2 Personen: • 1 TL weiche Butter • 1/2 TL Senf • 2 große Scheiben Pumpernickel • 50 g Radieschen • 60 g Camembert (30 % Fett) • schwarzer Pfeffer • 1 EL Radieschensprossen

Die Butter mit dem Senf verrühren und auf die Pumpernickelscheiben streichen. Die Radieschen waschen, putzen und mit dem Camembert in dünne Scheiben schneiden. Die Brotscheiben mit den Radieschen- und Käsescheiben schuppenartig belegen. Mit Pfeffer aus der Mühle und mit Sprossen bestreut servieren.

power

Pro Portion: 152 Kcal • 10 g EW • 6 g F • 15 g KH

Apfel-Meerrettich-Brot mit Lachs

Fisch – auf der Schlankwelle ganz oben

Zutaten für 2 Personen: • 2 EL Magerquark • 1 TL geriebener Meerrettich • schwarzer Pfeffer • 60 g Apfel • 2 TL Zitronensaft • 2 Scheiben Katenbrot • 1 Zweig Dill • 50 g Räucherlachs

Den Quark mit dem Meerrettich und etwas Pfeffer verrühren. Den Apfel waschen und ungeschält in dünne Scheiben schneiden. Die Scheiben sofort mit Zitronensaft beträufeln. Die Brote mit Meerrettich-Quark bestreichen und diagonal halbieren. Dill waschen und trockenschütteln. Die Brote mit Apfelspalten, Räucherlachs und je 1 Dillspitze belegen.

power

Pro Portion: 158 Kcal • 10 g EW • 6 g F • 15 g KH

Avocado mit Tomaten-Frischkäse

ein Rezept für Beauty, Figur und Nerven

Die Tomate waschen, vierteln, entkernen und ohne die Stielansätze in kleine Würfel schneiden. Die Avocado halbieren und vom Stein befreien. Das Fruchtfleisch bis auf einen kleinen Rand mit einem Löffel herauslösen und ebenfalls klein würfeln. Die Avocadohälften und die Avocadowürfel sofort mit dem Zitronensaft beträufeln.

Den Frischkäse mit den Tomaten- und Avocadowürfeln vermischen. Die Mischung leicht salzen und pfeffern. Die Masse in die ausgehöhlten Avocadohälften füllen und mit den Schnittlauchröllchen oder Kresse bestreuen und servieren.

Zutaten für 2 Personen:

1 Tomate
1 reife Avocado
2 TL Zitronensaft
100 g körniger Frischkäse
Salz
schwarzer Pfeffer
1 TL Olivenöl
1 EL Schnittlauchröllchen oder Kresse

Avocado

Die grüne Exotin ist zwar die fetteste Frucht, steckt jedoch voller ungesättigter Fettsäuren, die lebenswichtig wie ein Vitamin sind. Sie sorgen für weiche Haut, gesunde Zellwände und starke Nerven, programmieren den Hormonhaushalt auf Fettabbau. Das Dickmacherhormon Insulin hat keine Chance.

PRO PORTION:
394 KCAL
10 g EW • 38 g F
2 g KH

power

Rohkost mit Petersilien-Quark

so stippen Sie Vitalität

Den Quark mit dem Mineralwasser, Zitronensaft, Salz und Pfeffer in einer Schüssel glatt rühren. Den Knoblauch schälen und durch die Presse dazu drücken. Die Petersilie abbrausen, trockenschütteln und einige Blättchen beiseite legen. Die restliche Petersilie fein hacken und mit dem Knoblauch unter den Quark rühren.

Die Radieschen putzen und waschen, dabei einige zarte grüne Blätter stehen lassen. Den Staudensellerie putzen, waschen und in Streifen schneiden. Die Paprika halbieren, von Stielansatz, Trennwänden und Kernen befreien, waschen und in Streifen schneiden. Die Brotscheibe diagonal durchschneiden.

Die Radieschen, die Staudensellerie- und Paprikastreifen mit dem Dip dekorativ anrichten. Mit den übrigen Petersilienblättern garnieren und die Brotecken zum Stippen dazu servieren.

Zutaten für 2 Personen:
100 g Magerquark
2 EL kohlensäurearmes Mineralwasser
2 TL Zitronensaft
Salz
schwarzer Pfeffer
1 Knoblauchzehe
1/2 Bund Petersilie
100 g Radieschen
2 Stangen Staudensellerie
1 kleine gelbe Paprikaschote
1 Scheibe Roggenvollkornbrot

power

Pro Portion: 122 Kcal • 11 g EW • 1 g F • 16 g KH

Rucola-Dip mit Knäckebrot

lockt reichlich Glückshormone

Zutaten für 2 Personen: • 80 g Rucola • 2 EL Kürbiskerne • 2 EL geriebener Parmesan • 2 TL Aceto balsamico • 2 EL Olivenöl • 4–5 EL Gemüsefond • Salz • Pfeffer • 1 Frühlingszwiebel • 2 Roggenknäckebrote

Den Rucola putzen, verlesen, waschen und hacken. Mit den Kürbiskernen, Parmesan, Essig und Olivenöl im Mixer oder Zerhacker glatt pürieren. Mit dem Fond zu einer cremigen Paste verrühren, salzen und pfeffern. Die Frühlingszwiebel waschen, putzen, in feine Ringe schneiden und untermischen. Knäckebrote zerbrechen und zum Dippen dazu reichen.

power

Pro Portion: 262 Kcal • 9 g EW • 22 g F • 11 g KH

Paprika-Ananas-Salsa

hier arbeiten Schlankenzyme mit

Zutaten für 2 Personen: • 300 g Ananas • 1/2 rote Paprikaschote • 1/2 kleine rote Zwiebel • 1 EL Limettensaft • Salz • Tabasco • 2 TL Olivenöl • 1 EL gehackter Koriander

Die Ananas schälen und ohne den harten Strunk in kleine Würfel schneiden. Die Paprika waschen, putzen und sehr klein würfeln. Die Zwiebel schälen und sehr fein hacken. Die Ananas, Paprika und Zwiebel mit dem Limettensaft, Salz, Tabasco, Olivenöl und Koriander vermischen. Dazu schmeckt gerösteter Vollkorntoast.

power

Pro Portion: 95 Kcal • 1 g EW • 5 g F • 12 g KH

Tomate mit Rettich-Joghurt

ätherische Öle halten fit

Zutaten für 2 Personen: • 2 Fleischtomaten • 100 g Rettich • Salz • 150 g Joghurt (0,3 % Fett) • 1 1/2 EL Schnittlauchröllchen • schwarzer Pfeffer • 1 TL Zitronensaft

Die Tomaten waschen, an der runden Seite je einen Deckel abschneiden und die Tomaten aushöhlen. Den Rettich schälen, raspeln und salzen. Mit dem Joghurt und 1 Esslöffel Schnittlauch vermischen. Mit Pfeffer und Zitronensaft würzen. Die Tomaten damit füllen, mit dem übrigen Schnittlauch bestreuen. Die Tomatendeckel auflegen.

power

Pro Portion: 64 Kcal • 5 g EW • 1 g F • 9 g KH

Zucchini-Taler mit Champignons

ein Plus aufs Gesundheitskonto

Zutaten für 2 Personen: • 80 g Champignons • 1 Frühlingszwiebel • 2 TL Zitronensaft • 1 TL Aceto balsamico • 1 1/2 EL Olivenöl • Salz • schwarzer Pfeffer • 200 g dicke Zucchini

Die Champignons und die Frühlingszwiebel putzen, waschen und in Scheiben schneiden. Mit Zitronensaft, Aceto balsamico, 1 Esslöffel Olivenöl, Salz und Pfeffer vermischen. Die Zucchini putzen, in 8 Scheiben schneiden und salzen. Eine Grillpfanne mit dem übrigen Öl einpinseln, die Zucchinischeiben darin beidseitig braten, salzen und pfeffern. Mit Champignons belegen.

power

Pro Portion: 87 Kcal • 3 g EW • 7 g F • 3 g KH

Schinken-Spargel mit Basilikum-Dip

die Schlank-Stangen sind wahre Fatburner

Den Spargel waschen und nur das untere Drittel schälen. Reichlich Salzwasser mit dem Öl zum Kochen bringen. Den Spargel darin zugedeckt bei mittlerer Hitze in 10–12 Minuten bissfest garen.

Zutaten für 2 Personen:
300 g grüner Spargel
Salz
1 TL Olivenöl
100 g Joghurt (1,5 % Fett)
2 EL saure Sahne (10 % Fett)
1 TL kleine Kapern
1 TL Zitronensaft
schwarzer Pfeffer
12 Basilikumblätter
50 g Lachsschinken

Für den Dip den Joghurt und die saure Sahne verrühren. Die Kapern abtropfen lassen, fein hacken und untermischen. Den Dip mit Zitronensaft, Salz und Pfeffer würzen. Die Basilikumblätter abreiben, einige beiseite legen, den Rest klein schneiden und unter den Dip rühren. Den Spargel abgießen, kalt abschrecken und abtropfen lassen.

Den Schinken mit dem Spargel dekorativ anrichten. Den Dip mit dem übrigen Basilikum garnieren. Mit geröstetem Vollkorntoast servieren.

Leichte Sauce

Es muss nicht immer Sahne sein, denn 100 ml haben 31 Gramm Fett, die gleiche Menge Crème fraîche 40 Gramm. Das geht leichter: Püriertes Gemüse sorgt für zarten Geschmack und feine Konsistenz. Oder Sie ersetzen die Sahne durch fettarme Dickmilch, saure Sahne oder Joghurt.

power

Pro Portion:
185 kcal
9 g EW • 14 g F
6 g KH

Gurken-Shrimps-Cocktail

Neptun kennt die besten Fatburner

Die Erbsen auftauen lassen. Die Sonnenblumenkerne in einer trockenen Pfanne goldbraun rösten. Die Gurke schälen, würfeln und leicht salzen.

Zutaten für 2 Personen:
60 g tiefgekühlte Erbsen
2 TL Sonnenblumenkerne
200 g Salatgurke
Salz
80 g Shrimps
2 Blätter Lollo rosso
1/2 Bund Dill
100 g Kefir (1,5 % Fett)
1 TL Zitronensaft
1 TL Rapsöl
schwarzer Pfeffer

Die Shrimps abbrausen und abtropfen lassen. Den Salat waschen, trockenschütteln und in mundgerechte Stücke zerpflücken. Den Dill waschen, trockenschütteln, 2-3 Zweige beiseite legen. Die Blätter von den übrigen Stielen zupfen und hacken. Den Kefir mit Zitronensaft und Rapsöl glatt rühren, salzen und pfeffern. Die Erbsen, Gurken, Shrimps, den Lollo rosso und den Dill unter das Dressing rühren. Den Gurken-Shrimps-Cocktail anrichten, mit den Sonnenblumenkernen bestreuen, mit dem übrigen Dill garnieren und mit Pumpernickeltaler servieren.

Shrimps für Taurin

Shrimps, Garnelen & Co. liefern Taurin. Der Eiweißstoff hilft der Hirnanhangdrüse, ihre fettschmelzenden Hormone zu verschicken, zum Beispiel das Wachstumshormon, das Muskeln auf- und Fett abbaut. Der wertvolle Schlankstoff steckt auch in Muscheln, Geflügel und Leber.

Pro Portion:
166 Kcal
14 g EW • 6 g F
14 g KH

power

Himbeer-Mango-Salat

so »snacken« Sie sich schlank

Zutaten für 2 Personen: • 1 Mango • 200 g Himbeeren • 100 g Dickmilch (3,5 % Fett) • 100 g Joghurt (1,5 % Fett) • 2 TL Sanddornmark mit Honig • 2 TL geröstete Pinienkerne • 1 Zweig Minze

Die Mango schälen, das Fruchtfleisch in dünnen Spalten vom Stein schneiden und anrichten. Die Himbeeren kurz abbrausen, verlesen und darüber streuen. Die Dickmilch und den Joghurt mit dem Sanddornmark verrühren und darüber geben. Mit Pinienkernen bestreuen. Die Minzeblättchen abzupfen, den Salat damit garniert servieren.

power

Pro Portion: 199 Kcal • 6 g EW • 7 g F • 23 g KH

Brombeer-Halbgefrorenes

Lust auf Eis? Nur zu!

Zutaten für 2 Personen: • 250 g frische Brombeeren • 2 TL Zitronensaft • 1 EL Ahornsirup (Reformhaus) • 1 Zweig Zitronenmelisse

Die Brombeeren waschen und abtropfen lassen. Einige Beeren beiseite legen, den Rest mit Zitronensaft, Ahornsirup und 50 ml Wasser pürieren. Das Brombeerpüree in einer Metallschüssel zugedeckt 3–4 Stunden anfrieren lassen, dabei stündlich umrühren. Das Halbgefrorene in Dessertschalen anrichten, mit den übrigen Beeren und der Zitronenmelisse garnieren.

power

Pro Portion: 82 Kcal • 2 g EW • 1 g F • 14 g KH

Erdbeeren mit zwei Dips

Fruchtiges für Süßschnäbel

Die Erdbeeren abbrausen, verlesen, abtropfen lassen und von den Stielansätzen befreien. Wer mag, kann die Stielansätze auch dran lassen.

Für den Schokoladendip die Schokolade grob hacken und in einer Schüssel mit 3 Esslöffeln Milch im heißen, aber nicht kochenden Wasserbad bei schwacher Hitze unter ständigem Rühren schmelzen lassen. Den Schokoladendip etwas abkühlen lassen.

Für den Vanilledip die Vanilleschote längs aufschlitzen, das Mark mit einem Messer herauskratzen und mit dem Honig und der übrigen Milch unter den Quark mischen.

Die Erdbeeren dekorativ anrichten. Zum Stippen den Schokoladen- und Vanilledip dazu servieren.

Zutaten für 2 Personen:
250 g Erdbeeren
30 g Bitterschokolade (70 % Kakaoanteil)
4 EL Milch (1,5 % Fett)
1/2 Vanilleschote
1 TL Akazienhonig
60 g Quarkzubereitung (0,3 % Fett)

Natürlich süß

Die Indianer aus Paraguay haben ein süßes Geheimnis: Stevia, das »Honigblatt«. Die Extrakte der Blätter sind 200-mal süßer als Zucker, und locken nicht das Dickmacherhormon Insulin. Die Japaner decken ihren Süßhunger zu 50 Prozent mit Stevia – seit 30 Jahren. Stevia ist in der EU nicht zugelassen.

power

PRO PORTION:
158 KCAL
7 g EW • 5 g F
20 g KH

Kiwi-Erdbeer-Drink mit Minze

süßer Fatburner-Cocktail

Zutaten für 2 Drinks: • 1 Kiwi • 100 g Erdbeeren • 2 TL Minzeblättchen • Saft von 1 Limette • 2 TL Ahornsirup • 2 EL Vollkorn-Schmelzflocken • 1/4 l kalte Trinkmolke

Die Kiwi schälen und würfeln. Die Erdbeeren waschen, putzen und klein schneiden. Mit Minze, Limettensaft, Ahornsirup, Schmelzflocken und der Hälfte der Molke im Mixer etwa 15 Sekunden pürieren. Die übrige Molke dazugeben und nochmals kräftig durchmixen. In zwei große Gläser füllen und mit dicken Trinkhalmen servieren.

power

Pro Drink: 83 Kcal • 2 g EW • 1 g F • 17 g KH

Tomaten-Paprika-Mix

scharfer Fatburner-Cocktail

Zutaten für 2 Drinks: • 80 g rote Paprikaschote • 80 g Sellerie • 2 EL Petersilienblätter • 1/2 TL gewürfelte rote Chilischote • 300 ml kalter Tomatensaft • Salz • Pfeffer • 4 Eiswürfel

Die Paprika putzen und waschen, den Sellerie schälen und beides würfeln. Mit Petersilie, Chiliwürfeln und 150 ml Tomatensaft im Mixer pürieren. Den übrigen Saft hinzufügen und nochmals kräftig durchmixen. Mit Salz und Pfeffer würzen. Die Eiswürfel auf zwei Gläser verteilen. Den Mix darüber gießen und mit je einem Trinkhalm servieren.

power

Pro Drink: 50 Kcal • 3 g EW • 1 g F • 8 g KH

Zitrusfrischer Fatburner-Drink

mit der Slim-Power der Exoten

Die Tomaten überbrühen, kalt abschrecken, häuten, vierteln und entkernen. Die Tomatenviertel grob hacken. Die Möhre putzen, schälen und fein raspeln. Die Papayahälfte entkernen, schälen und in kleine Würfel schneiden. Die Tomatenstücke, die Möhrenraspel und die Papayawürfel in den Mixer geben. Den Saft der Orangen und der Zitrone auspressen und ebenfalls in den Mixer gießen. Die Frutilose, die Ascorbinsäure und das Olivenöl hinzufügen. Den Deckel auflegen und alles etwa 15 Sekunden kräftig durchmixen.

Den Drink in zwei hohe Gläser füllen. Die Zitronenscheiben zur Hälfte einschneiden und jeweils an den Glasrand stecken. Mit dicken Trinkhalmen servieren.

Zutaten für 2 Drinks:
2 Tomaten
1 Möhre (etwa 100 g)
1/2 reife Papaya
2 Orangen
1 Zitrone
1 TL Frutilose (Obstsüße; aus dem Reformhaus)
1 Messerspitze Ascorbinsäure (aus der Apotheke)
1 TL Olivenöl
2 Zitronenscheiben

power

Exoten für Enzyme

Papaya, Ananas und Mango liefern Enzyme, diese futtern zwar das Fett nicht direkt weg, wie es häufig heißt, kurbeln die Fettverbrennung aber indirekt an. Sie spalten Eiweiß, helfen mit, dass der wertvolle Fatburner in den Körperzellen ankommt und dort seine Power für Gesundheit und Fitness entfalten kann.

PRO DRINK:
153 KCAL
4 g EW • 3 g F
32 g KH

Artischockensalat mit Fatburner-Sauce

essenzielle Fettsäuren locken Schlankhormone

Bei den Artischocken jeweils den Stiel mit einem Ruck abbrechen. Das obere Drittel der Blattspitzen abschneiden. Die Blättchen im Inneren herauszupfen und das ungenießbare »Heu« herausschaben, dabei die »Böden« freilegen, schälen und sofort in eine Schüssel mit Zitronenwasser geben.

Für die Salatsauce den Essig mit Kräutersalz und Pfeffer verquirlen. Nach und nach das Olivenöl, Raps- und Sonnenblumenöl mit dem Schneebesen unterschlagen.

Die Artischockenböden aus dem Zitronenwasser nehmen, abtropfen lassen, in sehr feine Streifen schneiden und in der Marinade ziehen lassen.

Inzwischen die Schalotte und den Knoblauch schälen und fein hacken. Die Kirschtomaten waschen, größere eventuell halbieren und von den Stielansätzen befreien. Die Schalotte, den Knoblauch, die Tomaten, die Kapern und die Petersilie mit den Artischockenstreifen vermischen. Den Salat kräftig salzen und pfeffern. Dazu schmeckt Roggen-Vollkornbrot.

Zutaten für 2 Personen:
2 kleine Artischocken (etwa 500 g)
Saft von 1/2 Zitrone
1 1/2 EL Weißweinessig
Kräutersalz
schwarzer Pfeffer
2 EL Olivenöl
1 TL Rapsöl
1 TL Sonnenblumenöl
1 Schalotte
1 Knoblauchzehe
200 g Kirschtomaten
1 TL Kapern
2 EL gehackte Petersilie

PRO PORTION: 217 KCAL • 3 g EW • 18 g F • 13 g KH

Kohlrabi-Carpaccio mit Egerlingen

Scheibchen für Scheibchen Energie

Zutaten für 2 Personen: • 1 EL Sesamsamen • 300 g Kohlrabi • 50 g Egerlinge • 1 Frühlingszwiebel • 1 EL Weißweinessig • Salz • schwarzer Pfeffer • 2 EL Distelöl • 1/2 TL Sesamöl

Den Sesam rösten. Den Kohlrabi schälen, vierteln, in dünne Scheiben schneiden und auf zwei Tellern auslegen. Egerlinge putzen und blättrig schneiden. Die Frühlingszwiebel putzen, waschen und in Ringe schneiden. Auf dem Kohlrabi verteilen. Essig, Salz, Pfeffer, Distel- und Sesamöl verrühren und darüber träufeln. Mit Sesam bestreuen. Dazu passt Vollkornbrot.

power

Pro Portion: 150 Kcal • 5 g EW • 12 g F • 7 g KH

Tomaten-Apfel-Salat mit Rucola

Evas Fatburner-Rezept

Zutaten für 2 Personen: • 4 Tomaten • 1/2 säuerlicher Apfel • 1 Möhre • 30 g Rucola • 1 EL Zitronensaft • 1 TL Aceto balsamico • Salz • schwarzer Pfeffer • 2 EL Olivenöl • 30 g Parmesan

Die Tomaten waschen und achteln. Den Apfel halbieren, entkernen und in Scheiben schneiden. Die Möhre schälen und raspeln. Den Rucola abbrausen, putzen, abtropfen lassen und hacken. Zitronensaft, Essig, Salz, Pfeffer und Öl verquirlen. Tomaten, Apfel, Möhrenraspel und Rucola im Dressing wenden. Den Parmesan in Spänen darüber hobeln. Dazu passt Vollkornbrot.

power

Pro Portion: 221 Kcal • 8 g EW • 18 g F • 8 g KH

Tex-Mex-Salat mit Kidneybohnen

mit Schlankfaktor Methionin

Die Bohnen abbrausen und abtropfen lassen. Die Paprika halbieren, von Stielansatz, Trennwänden und Kernen befreien, waschen und in Streifen schneiden. Die Avocado halbieren, entsteinen und schälen. Die Avocadohälften in dünne Spalten schneiden und sofort mit dem Zitronensaft beträufeln. Den Staudensellerie waschen, putzen und schräg in dünne Scheiben schneiden. Die Zwiebel schälen, halbieren und in Halbringe schneiden. Den Essig mit Salz, Pfeffer, Tabasco und Öl verrühren. Die Petersilie waschen, trockenschütteln, hacken und unter das Dressing mischen. Das Gemüse mit der Marinade verrühren. Den Eisbergsalat waschen, trockenschwenken und den Salat darauf anrichten.

Zutaten für 2 Personen:

100 g rote Kidneybohnen (aus der Dose)
1 gelbe Paprikaschote
1 Avocado
2 TL Zitronensaft
1 Stange Staudensellerie
1 kleine rote Zwiebel
2 EL Rotweinessig
Salz, Pfeffer, Tabasco
3 EL kaltgepresstes Olivenöl
1/2 Bund Petersilie
4 Blätter Eisbergsalat

Hülsenfrüchte für Methionin

Methionin ist wichtig beim Eiweißaufbau. Ein Mangel schwächt das Immunsystem, erhöht das Krebsrisiko und macht dick. Ohne Methionin wird kein Karnitin gebildet, das Fette von den Hüften zur Verbrennung in den Muskel schleppt. Gute Methionin-Quellen: Hülsenfrüchte, Fisch, Geflügel und Käse.

Pro Portion:
377 Kcal
5 g EW • 35 g F
12 g KH

Curry-Kalbsfilet mit Tomaten-Joghurt

herzhaft leicht zum Abnehmen

Die Tomaten waschen, halbieren, entkernen und klein würfeln. Die Zwiebel schälen und fein würfeln. Tomaten- und Zwiebelwürfel mit dem Joghurt verrühren. Die Petersilie waschen, trockenschütteln und fein hacken. Die Hälfte unter den Tomaten-Joghurt mischen. Mit Salz, Pfeffer, Koriander und Zitronensaft würzen und zugedeckt kalt stellen. Die Gemüsebrühe zum Kochen bringen. Das Kalbsfilet in dünne Scheiben schneiden. Die Scheiben mit Curry einreiben und darin bei schwacher Hitze 5 Minuten ziehen lassen. Das Fleisch herausnehmen, salzen und pfeffern. Mit der übrigen Petersilie bestreuen. Den Tomaten-Joghurt dazu servieren. Dazu passt Roggen-Vollkornbrot.

Zutaten für 2 Personen:

150 g Tomaten
1 kleine rote Zwiebel
200 g Joghurt (1,5 % Fett)
5 Zweige Petersilie
Salz
schwarzer Pfeffer
1/2 TL gemahlener Koriander
2 TL Zitronensaft
1/2 l Gemüsebrühe
200 g Kalbsfilet
1 TL Currypulver

Saure Helfer

Wahre Schlankmacher sind Essig oder Zitronensaft. Ein Salat mit Essig vor dem Fisch, die Zitrone über dem Kalbsfilet oder dem Putenschnitzel helfen dem Magen, das Eiweiß zu spalten, dem Körper das Eiweiß besser zu verwerten. Damit es auch am Zielort, den 70 Billionen Körperzellen, ankommt und sein schmälerndes Werk verrichten kann.

Pro Portion:
213 kcal
27 g EW • 5 g F
13 g KH

power

Marinierter Spargel mit Putenbrust

Spargel senkt Gewicht und Blutdruck

Zutaten für 2 Personen:
- 500 g weißer Spargel
- Salz
- 1 Ei
- 2 TL Pinienkerne
- 2 EL Zitronensaft
- 1 EL Weißweinessig
- schwarzer Pfeffer
- 2 EL kaltgepresstes Olivenöl
- 100 g Kirschtomaten
- 8 Basilikumblätter
- 50 g geräucherter Putenbrust-Aufschnitt

Den Spargel waschen, putzen und schälen. In einem Topf Salzwasser zum Kochen bringen, den Spargel darin in 20 Minuten bissfest garen. Das Ei in 10 Minuten hart kochen, dann kalt abschrecken. Die Pinienkerne in einer trockenen Pfanne goldbraun rösten. Den Spargel abgießen, dabei 3 Esslöffel Spargelkochwasser auffangen.

Für die Marinade den Zitronensaft, Essig, Salz, Pfeffer, Öl und Spargelsud verquirlen. Über den Spargel gießen und 2–3 Stunden in den Kühlschrank stellen.

Das Ei pellen und achteln. Die Tomaten waschen und halbieren. Basilikum abreiben und grob hacken. Eiachtel, Tomaten und Putenbrust neben dem Spargel anrichten. Die Pinienkerne und das Basilikum darüber streuen.

Dazu schmeckt gerösteter Vollkorntoast.

Schlank-Stangen

In den Monaten April bis Juni gibt es keinen Halt mehr: Spargel satt. Die schlanke Stange hat nur 15 kcal/100 Gramm. Das Asparagin des Spargels regt die Niere an, den Körper zu entwässern. Weitere Fatburner-Faktoren: Ballaststoffe, Vitamin C, Eisen, Kalzium, Jod.

PRO PORTION:
260 KCAL
15 g EW • 19 g F
9 g KH

power

Gurken-Rettich-Salat mit Hähnchenspießen

Geflügel plus Zitrone – eine ideale Fatburner-Kombination

Zutaten für 2 Personen: • 200 g Hähnchenbrustfilet • 2 EL Zitronensaft • Salz • schwarzer Pfeffer • 2 EL Olivenöl • 250 g Gurke • 250 g Rettich • 1 TL Peperoniwürfel • 2 EL gehackte Petersilie

Das Hähnchenbrustfilet würfeln, auf 2 Holzspieße stecken. In einer Marinade aus 1 Esslöffel Zitronensaft, Salz, Pfeffer und 1/2 Esslöffel Öl marinieren. Die Gurke und den Rettich schälen und in Scheiben hobeln. Übrigen Zitronensaft und Öl, Salz, Pfeffer und Peperoni verrühren. Gurke, Rettich und Petersilie dazugeben. Die Spieße im Backofen-Grill 8–10 Minuten grillen.

power

PRO PORTION: 283 KCAL • 26 g EW • 16 g F • 6 g KH

Zucchinistreifen mit Graved Lachs

Mit Omega-3-Fettsäuren als Fitnesswürze

Zutaten für 2 Personen: • 300 g Zucchini • 2 EL Olivenöl • Salz • schwarzer Pfeffer • 2 TL Aceto balsamico • 100 g Graved Lachs in Scheiben • 2 EL Joghurt (1,5 % Fett) • 2 Scheiben Pumpernickel

Die Zucchini waschen, putzen und längs in dünne Scheiben schneiden. Eine beschichtete Pfanne mit Öl einstreichen, erhitzen und die Zucchini darin portionsweise in 2–3 Minuten beidseitig bei mittlerer Hitze braten. Mit Salz, Pfeffer, Essig und dem übrigen Öl beträufeln und 2 Stunden marinieren. Mit dem Lachs, Joghurt und Pumpernickel anrichten.

power

PRO PORTION: 300 KCAL • 17 g EW • 24 g F • 4 g KH

Meeresfrüchte-Cocktail mit Brokkoli

so schlemmen Sie »extralight«

Das Fischfilet in Streifen und die Tintenfische in Stücke schneiden. Die Muscheln abbrausen und geöffnete wegwerfen. In einem Topf 1/8 l Wasser aufkochen lassen. Fischstreifen und Tintenfische darin 2–3 Minuten bei schwacher Hitze garen, herausheben und beiseite stellen. Die Muscheln in dem Sud zugedeckt 5 Minuten kochen lassen, bis sie geöffnet sind. Herausnehmen und das Muschelfleisch auslösen. Geschlossene Muscheln entfernen.

Den Brokkoli putzen und in kochendem Salzwasser 3 Minuten blanchieren, kalt abschrecken und abtropfen lassen. Die Paprika putzen, waschen und in Streifen schneiden. Die Frühlingszwiebel putzen, waschen und in Ringe schneiden.

Die Sojasauce mit dem Zitronensaft, Zucker, Salz und Pfeffer verquirlen. Den Koriander untermischen. Kabeljaustreifen, Tintenfische, Muscheln und Gemüse mit der Marinade vermischen. Dazu schmeckt frisches Vollkornbaguette.

Zutaten für 2 Personen:

100 g Kabeljaufilet
100 g küchenfertige Tintenfische
300 g Mies- oder Venusmuscheln
300 g Brokkoli
Salz
1 kleine rote Paprikaschote
1 Frühlingszwiebel
2 EL Sojasauce
2 EL Zitronensaft
1 TL brauner Rohrzucker
schwarzer Pfeffer
1 EL gehackter Koriander oder Petersilie

Superfatburner: Meeresfrüchte

Ihr Eiweiß heizt die Fettverbrennung an. Sie liefern jede Menge Tyrosin, eine Aminosäure, aus der Ihr Körper die Schlankhormone Noradrenalin und Dopamin bastelt. Und Sie liefern Jod. Jod ist der Treibstoff für eine aktive Schilddrüse.

PRO PORTION:
159 KCAL
25 g EW • 2 g F
10 g KH

power

Spaghetti mit Kräuter-Pesto

weckt die Lebensgeister

Die Tomaten überbrühen, häuten, vierteln, entkernen und in kleine Würfel schneiden. Reichlich Salzwasser in einem Topf aufkochen lassen, die Spaghetti darin nach Packungsangabe bissfest garen.

Für das Pesto den Kerbel und die Petersilie abbrausen, trockenschütteln, von den Stielen zupfen und grob hacken. Basilikumblätter abreiben und in feine Streifen schneiden. Den Knoblauch schälen und hacken. Den Kerbel, Petersilie, Basilikum, Knoblauch, Essig, Mandeln und Parmesan vermischen. 4–6 Esslöffel Nudelkochwasser dazugeben und alles sehr fein pürieren. Das Öl langsam unterrühren, mit Salz und Pfeffer abschmecken.

Die Nudeln abgießen, abtropfen lassen und sofort mit den Tomatenwürfeln vermischen, salzen und pfeffern. Das Pesto darauf verteilen.

Zutaten für 2 Personen:

500 g Tomaten
Salz
150 g Vollkorn-Spaghetti
1 Hand voll Kerbel
1/2 Bund Petersilie
6 große Basilikumblätter
1 kleine Knoblauchzehe
2 TL Aceto balsamico
2 EL fein geriebene, geschälte Mandeln
25 g geriebener Parmesan
2 EL Olivenöl
schwarzer Pfeffer

Kräuter immer öfter

Kräuter verzaubern Gerichte, erhalten die Gesundheit, beruhigen und entspannen, regen an und halten schlank. Und was macht Pesto? Kerbel macht Frühjahrsmüde munter, Petersilie aktiviert den Stoffwechsel, Basilikum stärkt den Magen und beruhigt.

Pro Portion:

434 kcal

17 g EW • 4 g F

41 g KH

power

Pellkartoffeln mit buntem Tsatsiki

mit hohem GLYX und wenig Fett

Zutaten für 2 Personen:
400 g kleine Kartoffeln
Salz
1/2 rote Paprikaschote
100 g Salatgurke
2 Frühlingszwiebeln
1 kleine Knoblauchzehe
250 g Magerquark
3 EL Milch (1,5 % Fett)
2 TL Zitronensaft
1/2 TL Paprikapulver, rosenscharf
1/2 Bund Dill

Die Kartoffeln waschen und in Salzwasser 20–25 Minuten kochen. Die Paprika ohne Stielansatz, Trennwände und Kerne waschen, dann würfeln. Die Gurke schälen und ebenfalls klein würfeln. Die Frühlingszwiebeln putzen, waschen und in feine Ringe schneiden. Den Knoblauch schälen und fein hacken. Quark, Milch und Zitronensaft verrühren, mit Salz und Paprika kräftig würzen. Paprika- und Gurkenwürfel, Knoblauch und zwei Drittel der Frühlingszwiebeln untermischen. Den Dill waschen, bis auf einige Zweige hacken und unter den Quark rühren. Mit den übrigen Frühlingszwiebeln und Dill garnieren. Kartoffeln abgießen, kurz ausdämpfen lassen, pellen und dazu servieren.

Kartoffel light

Kartoffeln haben einen hohen GLYX. Fett dazu macht die Insulinmast perfekt. Darum wählen Sie die Light-Version: 100 Gramm Pellkartoffeln haben 0,3 g Fett, Pommes tragen mit 14,6 Gramm Fett auf und Chips mästen mit 40 Gramm. Kombinieren Sie die Kartoffel nur mit Quark, magerem Fisch, Geflügel oder Gemüse.

Pro Portion:
243 kcal
23 g EW • 1 g F
35 g KH

power

Backofen-Ratatouille mit Hirse

mit reichlich Gemüse den Körper verwöhnen

Den Backofen auf 225° vorheizen. Die Paprika vierteln, ohne Stielansätze, Trennwände und Kerne waschen und in Stücke schneiden. Zucchini und Aubergine waschen und putzen. Die Zucchini in Scheiben und die Aubergine in große Würfel schneiden. Die Zwiebel schälen und grob würfeln. Die Tomaten waschen, vierteln, entkernen und in Stücke schneiden. Den Knoblauch schälen und hacken. Eine Auflaufform mit 1 Esslöffel Öl einfetten und im Backofen 5 Minuten erhitzen. Das Gemüse in die Form geben, mit Salz, Pfeffer und Kräutern der Provence würzen. Mit dem übrigen Öl und Zitronensaft beträufeln. Inzwischen in einem Topf 1/8 l Brühe erhitzen und angießen. Das Gemüse im Ofen (Mitte) 30 Minuten schmoren, zwischendurch wenden. Übrige Brühe aufkochen, Hirse darin bei schwacher Hitze 25 Minuten quellen lassen. Die Petersilie untermischen, mit Salz und Pfeffer würzen. Die Hirse mit dem Ratatouille servieren.

Zutaten für 2 Personen:
je 1 kleine rote und grüne Paprikaschote
100 g Zucchini
100 g Aubergine
1/2 Gemüsezwiebel
200 g Eiertomaten
2 Knoblauchzehen
2 EL Olivenöl
Salz, schwarzer Pfeffer
1 TL Kräuter der Provence
1 EL Zitronensaft
3/8 l Gemüsebrühe
125 g Hirse
2 EL gehackte Petersilie

power

Pro Portion: 464 kcal • 11 g EW • 19 g F • 61 g KH

Gazpacho mit Croûtons

Carotinoide in Tomaten und Paprika halten fit

Zutaten für 2 Personen:
2 Scheiben Vollkorntoast (vom Vortag)
Salz
200 g Tomaten
je 1 kleine rote und grüne Paprikaschote
150 g Salatgurke
1 Knoblauchzehe
1 TL Bio-Tomatenmark (Reformhaus)
200 ml kalter Tomatensaft
3 EL Gemüsebrühe
2 TL Olivenöl
1–2 TL Zitronensaft
1 TL brauner Rohrzucker
Cayennepfeffer

1 Scheibe Toastbrot würfeln, salzen und in 4 Esslöffeln lauwarmem Wasser einweichen. Inzwischen die Tomaten überbrühen, häuten, entkernen und hacken. Die Paprika ohne Stielansätze, Trennwände und Kerne waschen und würfeln. Die Gurke schälen, längs halbieren, entkernen und ebenfalls würfeln. Den Knoblauch schälen und hacken.

Das Brot, Tomaten, Knoblauch, jeweils die Hälfte der roten und grünen Paprika- und die Gurkenwürfel mit Tomatenmark, Tomatensaft und Brühe pürieren. Mit 1 Teelöffel Olivenöl, Zitronensaft, Rohrzucker, Salz und Cayennepfeffer abschmecken. Abgedeckt 1 Stunde in den Kühlschrank stellen.

Das übrige Toastbrot würfeln. Das restliche Olivenöl in einer Pfanne erhitzen und die Brotwürfel darin braten. Das Gemüsepüree verrühren, auf zwei tiefe Teller verteilen und mit den übrigen Gemüsewürfeln und den Croûtons bestreut servieren.

power

Pro Portion: 166 Kcal • 5 g EW • 6 g F • 22 g KH

Risotto mit Rohkost

Reis mit Schale – das Schlank-Geheimnis der Natur

Die Kürbiskerne in einer trockenen Pfanne rösten und abkühlen lassen. Die Zwiebel und den Knoblauch schälen und fein würfeln. Das Öl in einem Topf erhitzen, die Zwiebelwürfel und den Knoblauch darin glasig dünsten. Den Reis hinzufügen und unter Wenden kurz mitrösten und salzen. Den Wein angießen und bei mittlerer Hitze verdampfen lassen. Den Gemüsefond erhitzen und nach und nach dazugeben. Den Reis bei mittlerer Hitze in 35–40 Minuten quellen lassen, dabei ab und zu umrühren.

Inzwischen die Zucchini waschen und putzen, die Möhren schälen und beides auf der Gemüsereibe raspeln. Die Gemüseraspel unter den Risotto mischen, mit Salz und Pfeffer würzen und 5 Minuten zugedeckt ziehen lassen. Den Risotto mit den Kürbiskernen und dem Käse bestreuen.

Zutaten für 2 Personen:

- 1 EL Kürbiskerne
- 1 Zwiebel
- 1 kleine Knoblauchzehe
- 1 EL Olivenöl
- 150 g Rundkorn-Naturreis
- Salz
- 50 ml trockener Weißwein
- 400 ml Gemüsefond
- 125 g Zucchini
- 125 g Möhren
- schwarzer Pfeffer
- 30 g geriebener Emmentaler

Naturreis

… oder warum Fasern Sie vor der Insulinmast retten. Enzyme spalten im Darm die Stärke aus Reis oder Getreide in Zuckermoleküle. Ballaststoffe (Getreideschalen) halten die Enzyme davon ab, das schnell zu tun. Der Zucker dringt langsam ins Blut, lockt nur wenig von dem Dickhormon Insulin.

Pro Portion:
484 Kcal
12 g EW • 18 g F
65 g KH

power

Grüne Kichererbsen-Pfanne

Hülsenfrüchte liefern viel Fatburner-Eiweiß

Den Spinat waschen, verlesen und grob hacken. Die Paprika vierteln und ohne Stielansatz, Trennwände und Kerne in Streifen schneiden. Die Frühlingszwiebeln putzen, waschen und schräg in Stücke schneiden. Die Zuckerschoten waschen und putzen. Den Ingwer und den Knoblauch schälen und fein würfeln. Das Öl in einer Pfanne erhitzen, Ingwer und Knoblauch darin andünsten. Die Paprikastreifen, Zuckerschoten und Frühlingszwiebeln darin bei starker Hitze unter ständigem Rühren 8 Minuten anbraten. Spinat, Kichererbsen und Fond untermischen und noch 4–5 Minuten weitergaren. Mit Salz, Cayennepfeffer und Zitronensaft abschmecken. Die Kichererbsen anrichten und je 1 Esslöffel Joghurt in die Mitte geben.

Zutaten für 2 Personen:

200 g Blattspinat
1 grüne Paprikaschote
150 g Frühlingszwiebeln
100 g Zuckerschoten
1 kleines Stück Ingwer
1 Knoblauchzehe
1 EL Öl
250 g gegarte Kichererbsen
3 EL Gemüsefond
Salz, Cayennepfeffer
1–2 TL Zitronensaft
2 EL Joghurt (1,5 % Fett)

Vitamin-Garantie

Wählen Sie Gemüse der Saison und der Region. Motto: frisch kaufen, schnell zubereiten, nicht zu klein schneiden, nicht zu lange wässern und schonend garen. Bauen Sie die Ampel-Regel ein: Täglich rotes, grünes und gelbes Gemüse. Das garantiert eine Vielfalt an Vitaminen und sekundären Pflanzenstoffen.

Pro Portion:

492 kcal

42 g EW • 13 g F

82 g KH

Pizza-Genuss »light«

Blitz-Pizza mit Fenchel

Für den Teig den Quark mit Mehl, Backpulver, Milch, 2 Esslöffeln Öl und 1/2 Teelöffel Salz rasch verkneten. Den Backofen auf 200° vorheizen. Das Backblech mit Backpapier auslegen. Den Teig auf einer bemehlten Arbeitsfläche dünn ausrollen und auf das Backblech legen, mit einer Gabel mehrmals einstechen. Die Tomaten auf dem Teig verteilen. Die Champignons putzen, wenn nötig abreiben und blättrig schneiden. Den Fenchel putzen, waschen, vierteln und in dünne Scheiben schneiden. Champignons und Fenchel auf dem Teig verteilen. Die Pizza salzen, mit Chiliflocken und dem Käse bestreuen. Das übrige Öl darüber träufeln. Im Backofen (Mitte) 25–30 Minuten backen. Mit den Oliven und Basilikum bestreuen und servieren.

Zutaten für 2 Personen:
100 g Magerquark
150 g Mehl (Type 550)
1 TL Weinstein-Backpulver
3 EL Milch (1,5 % Fett)
2 1/2 EL Sonnenblumenöl
Salz
150 g passierte Bio-Tomaten
80 g Champignons
1 kleine Fenchelknolle
1 TL Chiliflocken
30 g geriebener Gouda
6 schwarze Oliven
6–8 Basilikumblätter
Backpapier fürs Blech

Chili schärft die Figur

Sie essen etwas Scharfes. Das Gehirn schüttet daraufhin Endorphine aus, die Botenstoffe, die Schmerzen dämpfen und fröhlich stimmen. Gute Laune wiederum macht agil und schlank. Übrigens heizt die Schärfe auch den Fettzellen ein. Also würzen Sie ruhig öfter mal mit den kleinen scharfen Chilischoten.

Pro Portion:
545 Kcal
23 g EW • 23 g F
64 g KH

Asiatische Sprossen-Hähnchen-Pfanne

im Wok garen – eine Fit- & Schlank-Garantie

Zutaten für 2 Personen:
200 g Hähnchenbrustfilet
schwarzer Pfeffer
200 g Sojasprossen
1 Paprikaschote
2 Stangen Staudensellerie
1 kleine Zwiebel
100 ml Geflügelfond
2 EL Sojasauce
2 EL trockener Sherry (Fino)
1 g Biobin (pflanzliches Bindemittel)
1 1/2 EL Sojaöl
Salz
2 EL gehackter Koriander

Das Hähnchenbrustfilet in dünne Streifen schneiden und pfeffern. Die Sprossen abbrausen und abtropfen lassen. Die Paprika ohne Stielansätze, Trennwände und Kerne waschen und in Streifen schneiden. Den Staudensellerie putzen, waschen und in dünne Scheiben schneiden. Die Zwiebel schälen und fein würfeln. Für die Würzsauce den Geflügelfond, die Sojasauce, den Sherry und das Biobin in einem Schälchen verquirlen.

1 Esslöffel Öl im Wok oder in einer Pfanne stark erhitzen. Das Fleisch darin bei mittlerer Hitze unter Rühren 3 Minuten braten, dann herausnehmen. Den Paprika, Staudensellerie und die Zwiebelwürfel im übrigen Öl 3 Minuten braten. Die Sprossen dazugeben und 1 Minute pfannenrühren.

Die Würzsauce einrühren, aufkochen und 2 Minuten ziehen lassen, bis die Sauce eingedickt ist. Das Fleisch darin kurz erhitzen, salzen und pfeffern. Mit Koriander bestreuen. Dazu schmeckt Vollkorn-Langkornreis.

Pro Portion: 315 Kcal • 37 g EW • 8 g F • 19 g KH

Spinat-Saltimbocca

die schlanke Version eines beliebten Klassikers

Den Spinat waschen und putzen. In kochendem Salzwasser 1 Minute blanchieren, kalt abschrecken und abtropfen lassen. Den Spinat ausdrücken und grob hacken, mit Salz, Pfeffer und Muskat würzen.

Zutaten für 2 Personen:

300 g Blattspinat
Salz
schwarzer Pfeffer
frisch geriebene Muskatnuss
4 dünne Kalbsschnitzel (je etwa 50 g)
1 EL Olivenöl
Saft von 1 Limette
50 ml trockener Weißwein
1/8 l Hühnerbrühe
1 g Biobin (pflanzliches Bindemittel)

Die Kalbsschnitzel mit je 1 Esslöffel Spinat belegen, zusammenklappen und mit je 1 Holzspießchen feststecken. Das Öl in einer Pfanne erhitzen. Die Schnitzel darin von jeder Seite 1–2 Minuten braten, herausnehmen, salzen, pfeffern und warm halten. Den Bratensatz mit dem Limettensaft, dem Wein und der Brühe ablöschen. Das Biobin einrühren und bei schwacher Hitze 3 Minuten offen köcheln lassen. Die Sauce salzen und pfeffern. Die Schnitzel und den übrigen Spinat dazugeben und darin zugedeckt 2–3 Minuten ziehen lassen. Dazu passen Vollkorn-Bandnudeln.

Weißes Fleisch

Fleisch ist ein wertvoller Eiweiß- und Eisenlieferant und somit ein Fatburner. Doch Rind-, Hammel- und Schweinefleisch enthalten viel Fett und Purine. Rotes Fleisch sollten Sie selten essen – und wenn, dann magere Filetstücke. Wählen Sie lieber weißes Fleisch. Kalb und Geflügel geizen mit schlechtem Fett.

Pro Portion:
325 kcal
30 g EW • 14 g F
17 g KH

power

Seezungenröllchen auf Frühlingsgemüse

Jod treibt die Schilddrüse an

Die Seezungenfilets salzen, pfeffern und mit 1 Esslöffel Frischkäse bestreichen. Den Kerbel waschen und von den Stielen zupfen. Die Seezungenfilets mit Kerbelblättchen bestreuen und aufrollen.

Den Kohlrabi schälen und vierteln, die Möhren schälen und beides in dünne Scheiben schneiden. Die Zuckerschoten putzen und waschen. Die Zwiebel schälen und würfeln.

Das Öl in einem Topf erhitzen, die Zwiebeln darin glasig dünsten. Kohlrabi, Möhren und Zuckerschoten darin kurz anschwitzen. Den Fond angießen und das Gemüse bei mittlerer Hitze 5 Minuten zugedeckt dünsten. Mit Salz und Pfeffer würzen. Den übrigen Frischkäse und das Biobin einrühren. Die Seezungenröllchen auf das Gemüse setzen und bei schwacher Hitze zugedeckt 10 Minuten dünsten. Den übrigen Kerbel hacken und darüber streuen. Dazu passt Vollkornreis mit Wildreis.

Zutaten für 2 Personen:

4 Seezungenfilets
(je etwa 50 g)
Salz, weißer Pfeffer
1 1/2 EL Buttermilch-Frischkäse
1 Hand voll Kerbel
1 Kohlrabi
200 g zarte Möhren
150 g Zuckerschoten
1 kleine Zwiebel
1 EL Rapsöl
150 ml Gemüsefond
1 g Biobin (Bindemittel)

Bitte Fisch!

Sie sollten Fisch mindestens zweimal die Woche essen. Welche Sorte? Egal. Jeder Fisch ist gesund: Lachs liefert Omega-3-Fettsäuren, die vor vielen chronischen Krankheiten schützen. Makrelen enthalten Tyrosin, Stoff für Schlankhormone, und Seezungenfilet enthält kaum Fett.

PRO PORTION:

276 KCAL

37 g EW • 13 g F

42 g KH

power

Pfannengemüse mit Shrimps

Fischeiweiß lässt Fett wegschmelzen

Die Zuckerschoten putzen, waschen und in Salzwasser 1 Minute blanchieren, kalt abschrecken und abtropfen lassen. Die Paprika ohne Stielansatz, Trennwände und Kerne waschen und in Streifen schneiden. Die Schalotte schälen und klein würfeln. Das Öl in einer Pfanne erhitzen. Zuckerschoten, Paprika und Schalottenwürfel darin 5 Minuten bei mittlerer Hitze braten. Mit Salz und Pfeffer würzen. Schmand und Shrimps untermischen und 2 Minuten bei schwacher Hitze mitdünsten. Die Tomaten halbieren und von den Stielansätzen befreien. Den Dill waschen, trockenschütteln und hacken. Die Tomatenhälften und den Dill untermischen und 2 Minuten ziehen lassen.

Zutaten für 2 Personen:
150 g Zuckerschoten
Salz
1 gelbe Paprikaschote
1 Schalotte
1 EL Öl
Pfeffer
1 EL Schmand
150 g Shrimps
100 g Kirschtomaten
1 Bund Dill

Betthupferl

Räubern Sie kurz vor dem Schlafengehen noch einmal den Kühlschrank. Sie brauchen Eiweiß plus Kohlenhydrate. Ein halber Becher Joghurt mit 2 Esslöffeln Haferflocken lockt Hormone: Serotonin, das Sie himmlisch schlafen lässt, und das Wachstumshormon, das Fett ab- und Muskeln aufbaut – während Sie selig schlummern.

Pro Portion:
161 kcal
33 g EW • 5 g F
43 g KH

power

Seeteufelragout mit Linsen

so füllen Sie Ihren Tank mit »Super«

Die Kartoffeln und die Möhre schälen, waschen und würfeln. Den Lauch putzen, längs aufschlitzen, waschen und in Ringe schneiden. Die Zwiebel schälen und würfeln.

Zutaten für 2 Personen:
150 g fest kochende Kartoffeln
1 Möhre
1 zarte Lauchstange
1 kleine Zwiebel
2 TL Olivenöl
1/4 l Gemüsebrühe
200 g gekochte braune Linsen
100 g Bio-Tomatensauce
Salz, Pfeffer
300 g Seeteufelfilet
2 TL Zitronensaft
2 EL gehackte Petersilie

Das Öl in einem breiten Topf erhitzen und die Zwiebeln darin glasig dünsten. Die Kartoffeln, die Möhren, den Lauch und die Zwiebeln dazugeben und 3 Minuten mitdünsten. Mit der Brühe aufgießen und zugedeckt 10 Minuten bei schwacher Hitze köcheln lassen.

Linsen, Tomatensauce, Salz und Pfeffer hinzufügen. Das Ragout weitere 3 Minuten bei mittlerer Hitze kochen lassen.

Den Fisch in Stücke schneiden, mit Zitronensaft, Salz und Pfeffer würzen, zum Ragout geben und zugedeckt bei schwacher Hitze 3–4 Minuten ziehen lassen. Mit Salz und Pfeffer abschmecken. Die Petersilie darüber streuen.

Olivenöl

Olivenöl ist der Jungbrunnen der Mittelmeerländer. Kochen Sie künftig auch mit dieser köstlichen Arznei für Herz und schlanke Linie. Sparen Sie nicht an der Qualität: Wählen Sie Natur pur, auf dem Etikett steht »extra virgine«.

Pro Portion:
565 Kcal
49 g EW • 9 g F
70 g KH

power

Tunfisch-Spieße mit Safranreis

zum Schlemmen und Schlankbleiben

Die rote Zwiebel schälen und fein würfeln. In einem Topf 1 Esslöffel Öl erhitzen, die Zwiebeln darin kurz anbraten. 2 Messerspitzen Safran und den Reis einrühren und 2 Minuten mitbraten. Mit dem Wein ablöschen und etwas einkochen lassen. Die Brühe erhitzen, dazugießen und den Reis zugedeckt bei schwacher Hitze 40 Minuten quellen lassen.

Den Tunfisch in 2 cm große Würfel schneiden. Die weiße Zwiebel schälen und achteln. Die Paprika ohne Stielansatz, Trennwände und Kerne waschen und in Stücke schneiden. Die Zucchini waschen, putzen und in dicke Scheiben schneiden. Die Salbeiblätter abreiben. Fisch, Zwiebeln, Paprika, Zucchini und Salbei abwechselnd auf Holzspieße stecken. Den Knoblauch schälen, zerdrücken und mit Zitronensaft, Salz und Pfeffer verrühren. Diese Mischung über die Spieße träufeln und ziehen lassen.

Das übrige Öl in einer Pfanne erhitzen. Die Spieße darin bei mittlerer Hitze 12–15 Minuten braten, dabei zwischendurch wenden. Den Safranreis mit Salz und Pfeffer würzen und zu den Tunfisch-Spießen servieren.

Zutaten für 2 Personen:

1 kleine rote Zwiebel
2 EL Olivenöl
gemahlener Safran
150 g Rundkorn-Naturreis
60 ml trockener Weißwein
300 ml Gemüsebrühe
150 g Tunfischfilet
1 kleine weiße Zwiebel
1 kleine gelbe Paprikaschote
100 g Zucchini
8 frische Salbeiblätter
1 kleine Knoblauchzehe
1 EL Zitronensaft
Salz, Pfeffer

power

Pro Portion: 570 Kcal • 18 g EW • 25 g F • 63 g KH

Register

Fatburner Rezepte

Abkürzungen

TL = Teelöffel
EL = Eßlöffel
kcal = Kilokalorien
EW = Eiweiß
F = Fett
KH = Kohlenhydrate

Impressum

Redaktion und Lektorat:
Dipl. oec. troph. Maryna Zimdars
Umschlaggestaltung:
independent Medien-Design,
Claudia Fillmann
Innenlayout: Heinz Kraxenberger
Herstellung: Helmut Giersberg
Fotos: FoodPhotography Eising, München
Satz: Johannes Kojer
Reproduktion: Repro Schmidt, Dornbirn
Druck: Appl, Wemding
Bindung: Sellier, Freising
ISBN: 3-7742-2192-8

Auflage: 5. 4. 3. 2. 1.
Jahr: 2004 03 02 01 00

Marion Grillparzer ist Diplom-Ökotrophologin und ausgebildete Journalistin. Sie lebt in München als freie Journalistin und schreibt seit vielen Jahren für verschiedenen Magazine. Sie ist mehrfache Buchautorin mit den Schwerpunktthemen Ernährung und Gesundheit.

Martina Kittler machte nach dem Ökotrophologie- und Sportstudium ihre Leidenschaft Kochen zum Beruf. Fast acht Jahre lang arbeitete sie in der Redaktion der größten deutschen Kochzeitschrift. Seit 1991 schreibt sie freiberuflich Bücher und Artikel für Zeitschriften. Ihre Schwerpunkte: moderne und gesunde Ernährung, schnelle und unkomplizierte Rezepte für jeden Tag.

Susie M. und **Pete Eising** haben Studios in München und Kennebunkport, Maine (U.S.A.). Sie studierten an der Fachakademie für Fotodesign in München, wo sie 1991 ihr eigenes Studio für Food Fotografie gründeten.

Für dieses Buch:
Fotografische Gestaltung:
Martina Görlach
Foodstyling:
Monika Schuster

DAS ORIGINAL GU MIT GARANTIE

Das Original mit Garantie

IHRE MEINUNG IST UNS WICHTIG. Deshalb möchten wir Ihre Kritik, gerne aber auch Ihr Lob erfahren. Um als führender Ratgeberverlag für Sie noch besser zu werden. Darum: Schreiben Sie uns! Wir freuen uns auf Ihre Post und wünschen Ihnen viel Spaß mit Ihrem GU-Ratgeber.

UNSERE GARANTIE: Sollte ein GU-Ratgeber einmal einen Fehler enthalten, schicken Sie uns das Buch mit einem kleinen Hinweis und der Quittung innerhalb von sechs Monaten nach dem Kauf zurück. Wir tauschen Ihnen den GU-Ratgeber gegen einen anderen zum gleichen oder ähnlichen Thema um.

Ihr Gräfe und Unzer Verlag
Redaktion Kochen
Postfach 86 03 25
81630 München
Fax: 089/41981-113
e-mail: leserservice@graefe-und-unzer.de